AF456064

LA FABRICATION

DE

BRIQUES, DE PRODUITS CÉRAMIQUES,

DE CHAUX ET CIMENT

DÉLIBÉRATION DE LA PREMIÈRE ASSEMBLÉE
DE LA SOCIÉTÉ ALLEMANDE
POUR LA FABRICATION DE BRIQUES, DE PRODUITS CÉRAMIQUES,
DE CHAUX ET CIMENT,

TENUE A BERLIN LES 12 ET 13 JANVIER 1865

PARIS
LIBRAIRIE SCIENTIFIQUE, INDUSTRIELLE ET AGRICOLE
Eugène LACROIX, Éditeur
LIBRAIRE DE LA SOCIÉTÉ DES INGÉNIEURS CIVILS
15, QUAI MALAQUAIS

1867

LA FABRICATION

DE

BRIQUES, DE PRODUITS CÉRAMIQUES,

DE CHAUX ET CIMENT

LA FABRICATION

DE

BRIQUES, DE PRODUITS CÉRAMIQUES,

DE CHAUX ET CIMENT

DÉLIBÉRATION DE LA PREMIÈRE ASSEMBLÉE
DE LA SOCIÉTÉ ALLEMANDE
POUR LA FABRICATION DE BRIQUES, DE PRODUITS CÉRAMIQUES,
DE CHAUX ET CIMENT,

TENUE A BERLIN LES 12 ET 13 JANVIER 1865

PARIS
LIBRAIRIE SCIENTIFIQUE, INDUSTRIELLE ET AGRICOLE
Eugène LACROIX, Éditeur
LIBRAIRE DE LA SOCIÉTÉ DES INGÉNIEURS CIVILS
15, QUAI MALAQUAIS

1867

PRÉFACE

—

J'ai cru servir les intérêts de ceux qui s'occupent de cette industrie en France, en traduisant et en publiant les délibérations de la Société allemande pour la fabrication de briques, de produits céramiques, de chaux et ciment.

Dans notre époque d'inventions, où tous les arts et tous les métiers ont profité et profitent des recherches et des expériences de la science, des progrès faits en chimie et en physique, la fabrication des produits céramiques n'a pas suivi cette impulsion ; elle est donc comparativement restée en arrière. Les améliorations que l'on a tenté de faire dans cette industrie sont bien loin d'équivaloir au progrès qu'a fait la fabrication du fer, de l'acier, etc.

Il n'est pas toujours possible aux industriels de s'instruire des progrès qui se font dans d'autres pays, ayant rapport à l'industrie qu'ils poursuivent.

Le vrai progrès, et celui qui profite à tout le monde, c'est l'échange des idées et des expériences faites.

La seule mais très-importante invention qui ait été faite dans cette industrie en général, il y a quelques années, n'est malheureusement que très-peu connue en *France*. Je veux parler du four *Hoffmann*. — Une économie de deux tiers à trois quarts en combustible vaut bien la peine d'être prise en considération, sans faire mention des autres avantages obtenus par ce nouveau système.

Comme progrès dans la fabrication spéciale des briques, la machine de *Hertel et Ce* mérite d'être mentionnée.

La discussion de la seconde assemblée, qui a eu lieu à Berlin les 1er et 2 février 1866, sera publiée en automne.

JULES BOURRY.

Paris, février 1867.

Par suite d'une invitation de M. FRÉDÉRIC HOFFMANN, ingénieur à *Berlin*, une assemblée de propriétaires de briqueteries, d'architectes et d'ingénieurs eut lieu à Berlin les 12 et 13 janvier 1865.

Cette assemblée se constitua en *Société allemande pour la fabrication de briques, de produits céramiques, de chaux et ciment.*

Le Comité fut composé comme suit :

1. M. FRÉDÉRIC HOFFMANN, ingénieur à Berlin, président
2. M. DE ROCHOW, ancien chef d'escadron à Rekahne, près Brandebourg, vice-président.
3. M. TURRSCHMIEDT, propriétaire de briqueterie à Berlin, secrétaire.
4. M. PHILIPP, ingénieur à Berlin, remplaçant du secrétaire.
5. M. DYCKERHOFF, propriétaire de fabrique à Amoeneburg, près Biberich, sur le Rhin.
6. M HENRICI, ingénieur à Vienne.
7. M. WILHELM HOFFMANN, inspecteur des bâtiments à Berlin, fondé de pouvoir de la société.

La Société comptait 50 membres en 1865, en se constituant, et environ 150 en 1866.

LA FABRICATION

DE BRIQUES, DE PRODUITS CÉRAMIQUES,

DE CHAUX ET CIMENT

Compte rendu de la première assemblée de la *Société allemande* pour la fabrication de briques, de produits céramiques, de chaux et ciment, tenue à Berlin, le 12 janvier 1865.

A l'ouverture de la séance, M. Fréd. Hoffmann donne, sur la propagation des fours annulaires, quelques détails, desquels il résulte qu'actuellement (1865) il en existe environ cinquante dont la plupart ont été construits en Prusse et en Angleterre [1].

Il est décidé par l'assemblée que les propriétaires de fours annulaires présents communiqueront leurs expériences, avant de discuter d'autres questions portées sur l'ordre du jour.

M. de Rochow-Rekahne, ancien chef d'escadron : « L'année dernière, j'ai été obligé d'agrandir ma briqueterie, et ce n'est pas sans quelques hésitations que j'entrepris la construction d'un four annulaire. D'abord les connaissances nécessaires me manquaient, et ensuite je craignais de rencontrer beaucoup de difficultés dans le maniement du four. Pour m'instruire, je me mis en relation avec des propriétaires de fours annulaires, je les visitai, et sous peu je fus convaincu des avantages de ce système. Je me décidai donc à faire construire un four annulaire, et comme j'avais, en outre, trouvé de l'excellente terre, ce qui me parut suffisamment motiver une plus grande exploitation de ma briqueterie, je fis construire un double four annulaire, qui, les deux cercles étant en activité, peut cuire sept millions de briques par an.

« Par les expériences que j'ai faites jusqu'à ce jour, j'ai acquis la conviction que, dans cinq ans, personne, exploitant

[1] A la fin de 1866 le nombre dépassait deux cents.

une briqueterie d'une certaine importance, ne cuira autrement ses produits que dans les *fours Hoffmann*, à moins qu'il n'ait déjà gagné suffisamment d'argent pour ne plus vouloir s'en occuper. Tout individu qui compte et pose des chiffres, doit se dire qu'avec les anciens fours il jetterait une fortune par la fenêtre ; car il est de fait qu'avec un four annulaire, 1 fr. 85 c. à 2 fr. 25 c. de combustible suffisent là où il en fallait pour 11 fr. 25 c. Cela constitue une économie énorme, qui nous sert d'autant mieux, par la raison que la main-d'œuvre devient toujours plus coûteuse.

« Les dispositions du four sont profondément méditées. Il est facile à diriger ; il n'y a que les personnes qui ne le connaissent pas qui peuvent éprouver quelques difficultés au début, car il y a toujours une grande quantité d'humidité à faire disparaître. Les fondements, cela est de première nécessité, doivent être posés sur des plaques d'asphalte ; cela est même urgent pour des fours situés sur un terrain élevé où l'on pourrait supposer que l'humidité ne pénétrerait pas. Un sol de glaise pourrait peut-être seul dispenser de cette précaution.

« La manipulation du four est fort simple, de sorte qu'un enfant est à même de la surveiller. Mon four a été en pleine activité depuis le 1er mai jusqu'à ce jour, et un garçon de treize ans a seul desservi le feu.

« Le peu de déchet est un des grands avantages de ce four. On m'avait dit que, pour commencer, il fallait considérer le premier compartiment comme perdu. Je ne fus point de cet avis, et j'ai parfaitement réussi, ayant eu soin de n'enfourner que des briques très-sèches. Quoique ces briques fussent fissurées, elles étaient parfaitement utilisables. Ces défectuosités proviennent du refroidissement trop subit du premier compartiment, ayant lieu par l'atmosphère extérieure froide, et il est difficile de mitiger la véhémence avec laquelle elle touche les briques encore rouges.

« La cuisson se fit de mieux en mieux, à mesure que le four perdait de son humidité : fonte, fissures et casse diminuèrent de compartiment en compartiment, de sorte que maintenant je n'ai pas deux cents briques de déchet par semaine. Je suis convaincu que les défauts qui se présentent proviennent principalement du chauffeur; par exemple, la fonte provient de ce que trop de combustible est introduit à la fois; j'obvie maintenant à la fonte en élevant dans les foyers une croix, sur laquelle le combustible tombe en partie et se consume.

« J'ai d'abord douté que les briques placées derrière les cintres des compartiments pussent bien se cuire, le tirage étant obstrué, en cet endroit, par les piliers qui projettent; mais ces coins se cuisent parfaitement. La couleur des briques dépend de la terre employée et non pas du four. Quant au combustible, on peut employer n'importe lequel : on prend celui qui est le plus facile à obtenir. Je considère la tourbe comme le plus commode, l'ayant sur place; quant au résultat, il sera toujours le même avec toute autre matière.

« Quiconque cuit annuellement 1 million de briques peut faire 2,000 thalers (7,500 francs) d'économie en se servant du four annulaire. J'estime la quantité de briques fabriquées annuellement aux aleutours de Berlin à 200 millions, qui, cuites dans des fours annulaires, représenteraient une économie de 400,000 thalers (1,500,000 francs). La construction d'un four annulaire est en elle-même coûteuse, mais, en proportion de sa capacité de production, elle est en réalité moins chère que celle des fours ordinaires. Mon four me coûte 8,000 thalers (30,000 francs), mais il existe dans sa construction bien des arrangements qui ne font point partie du four proprement dit.

« Un autre avantage du four Hoffmann est celui de pouvoir cuire en même temps des briques, des tuiles, des tuyaux de drainage, des objets d'art, etc. Je suis parfaitement maître du feu dans chaque compartiment, que je puis chauffer plus ou moins fortement; et je vous présente ici des briques qui n'ont pour ainsi dire employé aucun combustible. La moitié de la matière consiste en débris ou poussier de tourbe. Pour 1,000 briques, j'ai employé 6 scheffels (1/3 de mètre cube) de tourbe.

« Le four annulaire chauffe et enfume les briques, comme il est impossible de le faire dans n'importe quel autre four. La chaleur se produit graduellement, et la preuve qu'elle est employée complétement, c'est que l'on n'aperçoit aucune fumée s'échapper de la cheminée.

« Je me permettrai de remarquer que quiconque désire faire construire un four annulaire fera bien de visiter d'abord un pareil four ayant été en opération pendant quelque temps.

« Je prie maintenant ces messieurs d'émettre leur opinion sur cette question. »

M. Schubert de Wahlstatt : « La construction de mon four annulaire diffère un peu des autres, en ce que ma cheminée est placée en dehors du four ; un canal de tirage souterrain ascendant, d'environ 19 pieds (6 mètres), y communique. Il n'y a pas de doute qu'au commencement j'ai eu bien des difficultés à vaincre. Le canal de tirage étant long, les vapeurs se refroidissaient trop vite avant d'arriver à la cheminée. Après que l'humidité du four s'était perdue peu à peu, le courant s'établissait parfaitement, et maintenant je n'ai qu'à me louer de ses fonctions.

« M. l'architecte Hoffmann me donna le conseil de répandre du poussier de charbon entre les briques pour faciliter les premières cuissons. Cet essai m'a donné de mauvais résultats, parce que le charbon en se gonflant remplissait les espaces de manière à intercepter le courant. »

(M. Hoffmann fait ici la remarque, permise par l'orateur, que la quantité de charbon était trop grande et la qualité trop mauvaise pour ce but).

« A ma première exploitation, j'employais pour 4 à 6 thalers (15 francs à 22 fr. 50 c.) de bois par mille briques, et maintenant je n'emploie que 15 à 16 silbergroschen (1 fr. 90 c. à 2 francs). J'ai établi un tableau démontrant la quantité de combustible employé ; de plus, M. Hoffmann m'a recommandé une montre de contrôle. Je trouve que ce n'est pas si facile, comme dit M. de Rochow, d'obtenir une cuisson parfaitement égale en couleur. »

L'orateur contredit la remarque de M. de Rochow que le trop grand éloignement de la cheminée soit la cause de cette difficulté.

M. Pippow de Stolp : « J'ai un four dans lequel je cuis depuis plusieurs années, mais il n'a que huit compartiments, et je suis occupé actuellement à en diviser le cercle extérieur en douze compartiments. Avec huit compartiments, il est absolument nécessaire de n'enfourner que des briques bien sèches ; alors la cuisson se fait parfaitement bien dans un four ainsi divisé. J'emploie environ un quart du combustible qu'il me fallait dans mes anciens fours. La houille, le bois, la tourbe donnent les mêmes résultats. Quant au coût du four, je suis d'accord avec M. de Rochow qu'il est beaucoup moins cher que d'autres fours de la même capacité de production. »

M. Tuerschmiedt, de Berlin, remarque que, pour la fabrication de 2 millions de briques, les anciens fours coûtent 8,000 thalers (30,000 francs), tandis qu'un four annulaire de ce prix peut en produire 7 millions.

M. Salomon, de Luneburg : « En ce qui concerne le principe, je suis parfaitement d'accord avec M. de Rochow, et je crois que le four Hoffmann a un grand avenir ; mais je ne suis pas d'accord avec M. de Rochow à prétendre que nous soyons dès maintenant arrivés à ce point de perfection pour pouvoir dire que le four annulaire répond à toutes nos prétentions. Je ne veux pas dire par là que j'aie le moindre doute dans les assertions de l'orateur, je m'explique même très-bien ses résultats. Nous autres briquetiers, ne sommes pas dans le cas de nous procurer de tels matériaux, nos matières brutes ne sont pas si poreuses. Je partage l'opinion de mon prédécesseur, disant que l'on peut cuire dans les fours annulaires avec le quart de ce qu'il fallait auparavant ; il est même possible qu'après une plus longue exploitation l'on puisse obtenir des résultats encore plus favorables. Nous avons fait des essais avec du bois, du charbon de terre et des lignites. Les briques que je présente ici sont faites d'une très-bonne terre. En brûlant du charbon de terre, la brique jaune devient rouge aux endroits du courant ; les briques sont aussi dures que du fer. Dans notre four, le charbon dit de Cardiff a donné les meilleurs résultats. Nous avons aussi employé du charbon de la Rhur et de Newcastle, mais nous ne l'avons pas trouvé aussi avantageux. Les briques de M. de Rochow ont des parties blanches où elles se touchent. Nous n'avons pas pu obtenir la couleur voulue, comme dans les anciens fours ; les briques ne sont pas égales en couleur, la brique cuite avec du bois est jaune. Nous nous trouvons donc encore en apprentissage pour les fours annulaires, et nous accepterons volontiers les bons conseils des hommes d'expérience. Il n'y a pas à nier que ce four fait beaucoup de besogne. Une chose essentielle est de pouvoir enfourner les objets bien secs. Nous avons suivi les conseils de M. Hoffmann et les indications de M. Rasch, et nous nous en sommes bien trouvés. »

M. Fréd. Hoffmann : « Concernant la couleur des briques, je crois qu'il n'y a point d'autre raison que celle de n'avoir pas donné assez de feu, par crainte d'avoir de la fonte en chauffant avec du charbon de terre. Je suis, du reste, toujours prêt à aider et à donner des conseils partout où on me les demandera. »

M. Dyckerhoff, de Biberich. L'orateur est propriétaire d'une fabrique de ciment, dans laquelle il y a un four annulaire en opération depuis la fin de septembre. Il n'a pas toujours été possible de produire assez de briques de ciment pour alimenter le four, et il ne lui est pas possible de donner des chiffres comparatifs.

La cuisson du ciment donnait beaucoup de difficultés au début, parce que la pierre de ciment perd beaucoup de son volume pendant cette opération. Le ciment ne vaut rien, s'il est trop ou pas assez cuit. Le degré de chaleur qu'il faut est l'incandescence complète, et, pour y arriver, il est nécessaire de régler le tirage très-soigneusement et d'avoir un cuiseur adroit.

N'ayant pas eu de briques de ciment en quantité suffisante, on fut obligé d'enfourner aussi de la chaux et des briques. Ceci prouve que le four peut être utilisé pour toutes espèces de matériaux. Il est vrai que la chaux, qui pourrait être cuite en moins de temps, devait être cuite plus lentement. Pour le refroidissement du ciment, la plus grande précaution est nécessaire, et il ne peut se faire aussi rapidement que pour la chaux. La chaux, quand elle se trouve dans un compartiment après le ciment, est cuite en partie quand le ciment est en grand feu. Le courant d'air qui traverse le four ne fait aucun mal à la chaux. Huit jours après que le feu avait quitté la chaux, et à son tour de défournement, elle était aussi bonne qu'au premier jour. On a fait l'essai de donner de l'eau à la chaux ; cette expérience a très-bien réussi. Lorsque les premières bouches de chauffage des compartiments qui contenaient de la chaux furent en état d'incandescence, on y fit tomber de petits filets d'eau qui s'évaporaient déjà en plus grande partie en tombant. Le tirage s'améliorait par cette manipulation et facilitait l'extraction ainsi que l'éloignement de l'acide carbonique contenu dans la chaux.

M. Dyckerhoff montre des échantillons de scories de ciment en partie poli, qui, par leur dureté et la vivacité de leurs couleurs, représentent du marbre artificiel, et s'adapteraient très-bien à des sols en mosaïque.

M. Weysser, de Pforzheim : « Je cuis dans un four annulaire depuis un an ; je ne puis que confirmer ce que l'on en a dit de bon. Je ne puis pas démontrer l'économie vis-à-vis des anciens fours, n'ayant pas eu d'autres fours en exploitation. J'ai fait des essais avec des briques de Carlsruhe, dont la couleur naturelle est blanche ; j'ai obtenu la même couleur dans mon four. J'emploie 3 1/4 de quintaux (162 1/2 kilogrammes) de charbon de la Saar ou de Reden par 1,000 briques. Je considère le charbon dont la consommation est la plus rapide comme le meilleur. Ce charbon contient plus de soufre que celui de la Ruhr. Ma terre est très-maigre. »

M. Willers, de Dantzick : « Il ne me reste plus beaucoup à ajouter. Il faut le quart du combustible qu'il fallait autrefois. La brique qui se cuisait blanche se cuit blanche ; celle qui se cuisait rouge se cuit rouge aussi, avec du charbon aussi bien qu'avec du bois (M. Pipow le confirme, ayant eu les mêmes résultats). En général, je n'ai eu des difficultés qu'au début. »

M. de Rochow : « En ce qui concerne la couleur des briques, elle est différente dans chaque four. C'est une circonstance qu'il faut attribuer à la matière et non pas au four ; le coloris blanc qui se trouve aux places où les briques sont couvertes provient de ce que ces places reçoivent plus de chaleur. Nous obvierons à cela par une cuisson énergique. »

M. Turrschmiedt : « Permettez-moi la remarque que la couleur des briques provient de deux choses : d'abord des éléments contenus dans la terre, ce qui est la principale raison ; puis de la manière dont la chaleur est communiquée. Pendant la cuisson, des gaz se développent des briques aussi bien que du combustible, et la couleur varie selon que ces gaz sont oxydants ou désoxydants, et par cela même facilitent la formation de silicate d'oxyde ferreux ou ferrique. Le fer et une petite quantité d'autres métaux qui s'y réunissent ont la plus grande influence sur la couleur des briques, mais l'influence du fer est souvent amoindrie par le coloris des terres : la chaux, des alcalis, etc., s'ils se trouvent en grande quantité. Si, en général, la couleur des briques est rouge, blanche, verte ou noire, par les raisons mentionnées, les briques inégales et tachées à la surface le deviennent par l'action de la flamme, celle-ci occasionnera, par raison des gaz qu'elle contient, des coloris différents sur les parties des briques lui étant plus ou moins exposées, et formera, selon son degré d'intensité, des dépôts d'acide siliceux, alcalin, etc., qui, de leur côté, influenceront la couleur.

« Messieurs, la couleur des briques est une des questions les plus difficiles. Nous ne sommes pas encore assez avancés pour expliquer tous les procédés qui ont influé sur la couleur des briques, et nous sommes encore bien moins en état de la donner artificiellement. Quoique nous croyions connaître les terres, nous nous trouvons à cet égard sur une *terra incognita.* »

M. de Rochow croit que l'on pourrait obtenir un résultat en échangeant des briques non cuites entre briquetiers et en comparant les résultats obtenus.

M. Turrschmiedt remarque que de tels essais ont déjà été faits. Pour obtenir du lustre aux briques, le meilleur combustible est le bois, parce qu'il donne la flamme la plus pure.

M. Friedrich, de Landsberg, à W. « J'ai commencé l'exploitation d'un four annulaire cette année. La brique blanche est très-recherchée chez nous. J'ai eu bien des difficultés avec mon personnel qui ne montrait aucun zèle pour l'exploitation du four annulaire. J'ai obtenu presque la même couleur blanche avec du charbon comme avec du bois. En général, je suis content du résultat. Je ne suis pas d'accord avec ce que M. de Rochow dit de la fonte ; j'en ai eu même en faisant faire une croix dans les puits de chauffage. J'ai cependant obtenu un meilleur résultat par cela, mais je ne suis pas encore tout à fait satisfait. Autrefois j'employais vingt-quatre heures pour cuire un compartiment ;

je cuis plus lentement maintenant, en employant un jour et demi, mais j'obtiens de meilleurs résultats. »

M. Platzmann, de Lübeck : « Nous avons cuit la plus grande partie de nos briques dans des fours de campagne pour l'établissement de notre four annulaire. Notre cheminée est placée à côté du four. Il y a différents avantages de la placer ainsi ; d'abord cela facilite le placement du canal de tirage de la chaudière, puis cela laisse une place libre et bien aérée sur toute la surface du four. Le four a seize compartiments et a été mis en opération au commencement du mois de novembre. J'expose ici des briques qui constatent ce que peut produire ce four. Il n'y a pas de doute qu'elles sont très-différentes en couleur, mais je crois qu'une plus grande expérience du maître cuiseur, en ce qui concerne le mélange et le choix de différentes terres, est nécessaire pour obtenir une plus grande égalité de coloris. Je considère ces briques parfaitement bien cuites, considérant que le four venait d'être achevé et qu'il contenait encore une masse d'humidité. L'argile n'est pas soumise au lavage. La glaise, en sortant de la fosse, est malaxée et formée en briques par la machine Hertel, et enfournée ensuite. Nous employons du charbon de terre anglais. Les briques moins cuites restent rouges. »

M. Fréd. Hoffmann remarque, au sujet du placement de la cheminée, qu'à Wahlstatt le four est situé au pied d'une colline que l'on a utilisée pour y établir la cheminée. Le four, à Boberg, est situé sur une colline. Le placement de la cheminée en dehors du four facilite l'établissement d'autres fours à portes d'enfournement ; là où la main-d'œuvre est chère, c'est d'une grande importance.

M. Endtricht, de Militsch : « On a parlé d'économie en combustible. Je crois qu'il n'y a pas de briques plus grandes que les miennes, elles ont 12 pouces (0m,314) de long. J'emploie 4 scheffels de Berlin (2h,2) par 1,000 briques, ce qui fait en valeur d'argent 1 th. 6 sgr. (4 fr. 50 c.), au lieu de 4 th. 21 sgr. 2 pf. (17 fr. 65 c.) avec les anciens fours. »

Les communications à faire par les propriétaires de fours annulaires présents, ainsi que la première question de l'ordre du jour, dont le texte était :

Quels sont les résultats et les expériences du four annulaire, en général et en détail, en considération spéciale de la cuisson de la chaux, du ciment et des poteries?
étant épuisée, la séance fut interrompue.

La séance fut reprise à une heure trois quarts.

En divergeant de l'ordre du jour, l'assemblée décide de discuter les question suivantes, concernant l'exploitation du four annulaire :

M. Tubrschmiedt demande la parole : « Messieurs, avant d'entrer en discussion sur les questions qui vont être posées, il me semble nécessaire d'introduire quelques mots d'explication pour les membres présents qui ne sont pas propriétaires d'un four annulaire, pour leur démontrer son principe et son maniement, car il peut y avoir bien des choses qui, de prime-abord, paraissent inexplicables et souvent même invraisemblables.

« Les fours à briques généralement usités sont munis de six à huit carnaux ou conduits de feu recevant le combustible ; c'est par là que tout le four reçoit la chaleur ; c'est de là qu'elle doit monter jusqu'aux couches supérieures pour y porter la cuisson. On ne peut pas diriger le feu et l'on ne peut introduire de feu qu'à ces endroits. On se sert de ces foyers permanents qui absorbent une quantité considérable de combustible. Les foyers arrangés de cette façon ne peuvent pas facilement être changés, et la combustion n'est pas aussi complète et aussi bien utilisée que dans quelques autres industries se servant d'opérations analogues.

« En cuisant au moyen de charbon, de lignite ou de tourbe, ces combustibles déposent une telle quantité de cendre que l'on se trouve souvent obligé de l'éloigner, quoiqu'elle contienne encore une grande quantité de matières combustibles. La production de cendre est très-grande en comparaison du volume du foyer et du cendrier, ce qui occasionne un effet nuisible au nouveau combustible que l'on a à introduire, sans compter que l'extraction de la cendre ardente est une opération très-pénible. En comparant l'espace du four entier avec la quantité de cendre, elle s'y perdrait si elle pouvait être éparpillée dans tout l'espace et ne génerait pas le progrès de la combustion. Je ne veux pas dire par là d'être en faveur des combustibles qui produisent beaucoup de cendre, je désire seulement faire la remarque que l'accumulation de cendre dans un espace restreint nous incommode, tandis qu'éparpillée dans un grand espace elle ne nous occasionne aucune difficulté.

« L'action de la combustion est toujours la même dans les carnaux. Le combustible est forcé d'aspirer l'air nécessaire à sa combustion : le bois par les soupiraux, le charbon et la tourbe par les grilles; l'air servant à la combustion est donc l'air atmosphérique, et, par conséquent, froid.

« L'opération de la cuisson finie, on cesse le feu, la fournée se refroidit en laissant dissiper le calorique qu'elle contenait, jusqu'au point de pouvoir ouvrir les ouvertures pour défourner le contenu.

« Le four Hoffmann utilise cette chaleur qui se perd dans l'atmosphère en chauffant l'air qui alimente le feu et qui produit un effet de combustion que nous n'avons jamais connu dans nos anciens foyers. Voilà le principe du four Hoffmann, l'idée heureuse, l'invention; son côté ingénieux, c'est la simplicité de son application.

« On employait bien des fours qui utilisaient la chaleur, sans cela perdue, de la chaux, des briques, etc., cuites pour chauffer des objets encore non cuits, ou pour ramener cette chaleur dans les fours; mais on ne chauffait pas l'air qui alimente le feu pour produire une combustion plus complète. L'effet pyrométrique n'est amené à ce degré que par cette raison.

« Nous avons à nous rappeler ici d'un homme qui poursuivait la même idée dans une de ses constructions de four à poterie : c'était feu M. Feilner.

« Le four Hoffmann, que nous trouvons représenté dans cette salle par de nombreuses photographies, consiste donc en un canal voûté, d'une forme circulaire, que nous emplissons de briques. La voûte est garnie de nombreuses ouvertures pour l'introduction du combustible; ces ouvertures communiquent avec le sol par des passages ménagés dans la fournée et forment des puits de chauffage verticaux; ils ne sont pas éloignés les uns des autres, se renouvelant à quelques pieds de distance. Ces puits ne sont pas tous chauffés à la fois, mais seulement à la place où se trouve le grand feu ; on peut donc se figurer qu'une colonne de feu en état d'incandescence est perpétuellement conduite autour du four. La combustion est sous l'influence d'une cheminée. La colonne de feu se trouve placée de manière à avoir plusieurs compartiments déjà cuits derrière soi, et plusieurs compartiments devant soi qui sont en partie déjà rougis et en partie en enfumage. Le défournement a lieu du côté opposé au feu ; c'est par là que l'air atmosphérique s'introduit dans le four : il traverse le treillage des briques cuites, et tout en les refroidissant, il se sèche et se chauffe ; les zones qu'il traverse deviennent de plus en plus brûlantes, c'est-à-dire celles en état d'incandescence : il arrive au feu avec une température presque égale à celle des briques chauffées à blanc. La combustion se faisant par cet air chauffé développe des degrés de chaleur bien plus élevée que si elle se faisait par l'air froid. Les parties du combustible qui n'ont pas servi à alimenter le feu incandescent ou le grand feu, sont menées plus loin et chauffent à rouge les briques suivantes à l'aide du petit feu, traversent les briques encore peu rougies, enlèvent l'humidité aux autres et sortent usées jusqu'au dernier point par la cheminée, en entraînant cette humidité.

« Pour obtenir une connaissance encore plus claire de l'influence que l'air chauffé produit sur la combustion, il nous faut quitter le thème de la fabrication de briques. Nous ne le ferons pas sans quelques regrets, mais nous ne pouvons pas démontrer cet effet aux briques directement, parce qu'il n'existe point de données pour les relations de température, même tout le procédé de la cuisson de briques manque de fondement scientifique. Pendant que d'autres branches d'industrie, prenant en aide la science, ont obtenu des résultats merveilleux, la fabrication des briques est restée le paria parmi les métiers.

« Je crois qu'un haut fourneau est assez connu pour pouvoir servir d'exemple; il sera peut-être tout aussi connu que l'air que l'on y introduit est de l'air atmosphérique chauffé et non de l'air froid ; ce qui est aussi pratiqué dans d'autres fourneaux à fusion.

« L'effet de l'air chauffé des soufflets, en ce qui concerne l'économie du combustible, est bien reconnu par la pratique des fonderies ; il est non-seulement démontré en théorie par des formules de calcul, mais parfaitement expliqué par l'analogie des degrés de chaleur augmentée par ce calorique, par la pénétration de l'air brûlant et dilaté dans le combustible, et par la formation plus complète de l'acide carbonique. En établissant la combustion de charbon de bois, avec de l'air chauffé à 400 degrés, j'obtiendrai donc la plus haute température que peut produire ce combustible, plus l'augmentation de cette chaleur de 400 degrés. Le charbon de bois ne donne pas ce résultat en le brûlant à une température de 400 degrés avec de l'air non chauffé, mais seulement si l'air même qui alimente a une chaleur de 400 degrés. Dans les fonderies, on se sert donc d'appareils exprès pour chauffer l'air, quand on ne peut se servir de chaleur perdue. Un appareil dont on se sert assez souvent maintenant est le régénérateur Siemens, qui contient une grande quantité de briques réfractaires chauffées par un foyer. L'air des soufflets est ensuite chassé à travers les interstices ménagés dans les tas de briques et chauffé de cette manière.

« En retournant maintenant au four annulaire, nous trouvons que l'air n'est pas chauffé artificiellement, mais il se chauffe en refroidissant les briques et est amené par le courant à l'endroit de son efficacité. En admettant que les briques chauffées à blanc aient une chaleur d'environ 700 degrés, l'air les ayant traversées aura une température de 600 ou 500 degrés ; il ne faudra donc, pour maintenir la chaleur à 700 degrés, qu'autant de combustible nécessaire pour obtenir et maintenir les 200 degrés qui, additionnés aux 500 degrés que l'air possède, suffiront à la cuisson. Voilà pourquoi le four Hoffmann présente une si grande économie en combustible.

« Supposons maintenant, au lieu de briques ordinaires des briques réfractaires, qui, comme personne ne l'ignore, demandent un degré de chaleur bien plus élevé, disons 1000 degrés, l'air alimentant le feu se chaufferait à environ 800 degrés ; il ne faudrait donc pas beaucoup plus de combustible pour la cuisson des briques réfractaires, si une fois la chaleur nécessaire est contenue dans le four. Il en résulte que le four Hoffmann est disposé pour le mieux pour la cuisson des briques à four et réfractaires, qui, dans les anciens fours, consumaient le plus de combustibles.

« Si, enfin, on avait produit dans un four Hoffmann un degré de chaleur assez élevé pour la fonte de l'acier fondu, l'air alimentant le feu aurait toujours une chaleur correspondante, et le degré de température voulue serait maintenu avec une minime quantité de combustible. Il en résulte qu'aussi longtemps que le principe Hoffmann peut être utilisé, on obtiendra n'importe quelle chaleur pyrométrique, avec comparativement peu de combustible, en utilisant l'air chauffé par les objets mêmes.

« Ceci suffira, peut-être, pour expliquer la grande économie du four Hoffmann vis-à-vis des anciens fours. En comparant la valeur en argent du combustible, il y a encore un autre fait à constater qui augmente encore la différence en faveur du four Hoffmann.

« On sait que dans l'exploitation des mines de charbon de terre d'une certaine production, il s'accumule peu à peu une grande quantité de débris, qui peuvent prendre des dimensions telles qu'elles entravent l'exploitation. Ces débris sont de nature différente : il y en a qui contiennent une si grande partie de matières étrangères, pour la plupart des minéraux, que la partie carbonique reste trop inférieure, et produit une trop grande quantité de cendres et de scories ; d'autres se forment par des couches trop peu consistantes, qui tombent en poussière et ne trouvent point de consommation, parce que son emploi est trop difficile, surtout si cette poussière est encore entremêlée avec des matières non combustibles, ce qui arrive souvent.

« Depuis un certain nombre d'années, on a fait les plus grands efforts pour tâcher d'utiliser au moins la partie de poussier de charbon qui n'est pas trop mélangée de matières non combustibles. C'est le même cas avec du poussier de tourbe, de charbon de bois, et même de sciure de bois. Il est certain que plus le combustible est divisé, plus sa facilité de combustion est grande. Un développement de chaleur rapide et une combustion complète s'obtiennent plus facilement par un combustible divisé que par un tel trop compacte. Mais il est tout aussi certain qu'en employant du charbon, de la houille, de la tourbe, etc., broyée comme combustible, la combustion sera nulle à la fin. Nous étouffons le feu, car les petites particules se touchant de trop près empêchent le passage de l'air, ce qui est le point principal de la combustion. N'importe quelle combinaison de grille n'empêchera pas la poussière de tomber à travers sans être utilisée, ou bien elle n'arrive pas à une combustion complète. Quand le poussier de charbon provient d'un charbon de terre qui fond et se croûte facilement, on arrive à lui donner une valeur comme combustible. En le cuisant, il se fond et forme une masse volumineuse. Ceci ne peut pas se faire avec de la houille et tout autre combustible en forme de poussière qui ne se fusionne pas. Il y a donc à distinguer deux méthodes pour traiter les débris. D'après l'une, la matière en décombres est formée en briquettes au moyen d'une liaison, telle que graisse, glaise, etc., ou par son humidité même. D'après l'autre, on cherche à en tirer le gaz. Malheureusement, on n'est pas encore arrivé à trouver une construction de générateur de gaz, qui ne fasse pas préférer un combustible en morceaux plutôt qu'en poussière ; cette dernière est cependant employée mêlée avec du meilleur combustible.

« Le four Hoffmann présente donc le grand avantage de pouvoir utiliser le poussier de charbon de terre, de tourbe, ou d'autres débris, pourvu que la matière soit sèche et ne contienne pas trop de sable ou de parties de cendre, conditions que demandent aussi le générateur, pour ne pas rendre impossible la marche normale de la combustion.

« Il n'est point nécessaire de changer les dispositions du four annulaire pour cuire avec des débris : on croise et entrelace un peu plus les briques pour former les puits de chauffage en enfournant, pour empêcher le combustible, en le chargeant, de tomber en monceau sur le sol du four, mais pour qu'il s'éparpille et se divise sur les coins des briques qui dépassent, et sur la croix établie au milieu du puits de chauffage. Il en résulte que, ne donnant pas des charges trop fortes, mais d'autant plus souvent, l'air brûlant qui alimente le feu enflammera de suite une partie de ce combustible, et transformera en gaz inflammable d'autres parties qui se trouvent sur des briques incandescentes : les gaz qui s'échappent de ces petits monceaux les disloquent et permettent l'entière combustion du reste. Cette opération est très-analogue à celle qui se fait dans le générateur, la tâche à remplir par ce dernier est de transformer en gaz les combustibles solides. Dans le four Hoffmann, on obtient ce but avec des débris.

« Quand ces débris, ou poussier de charbon ou de tourbe, laissent une quantité moyenne de cendre, elle ne contient plus de matières inflammables ; le volume qu'elle occupe dans le puits de chauffage est diminué par le courant qui l'éparpille dans toutes les parties du four. Ce n'est plus le cas quand le combustible produit beaucoup de cendre grossière, ou lorsqu'il est mêlé de sable. Le sable brûlé se tasse dans les puits de chauffage, le courant ne le fait bouger qu'à la surface et le porte entre les briques. Dans le cas où le combustible contient trop de cendre et de sable, il peut se faire que les briques s'y trouvent enterrées et les carnaux bouchés. Alors il est clair que de tels combustibles ne seraient pas plus applicables au four Hoffmann que partout ailleurs.

« Il peut se faire qu'avec de meilleurs débris de combustible, on obtienne ce même mauvais résultat dans les fours Hoffmann, mais alors ce n'est pas la faute ni du four ni du combustible, mais celle du cuiseur.

« Si celui-ci, au lieu d'éparpiller le combustible, le jette avec véhémence et en trop grande quantité dans les puits de chauffage, s'il ne laisse pas les charges se consumer, avant d'en donner de nouvelles, il se fera que les puits de chauffage peu à peu se rempliront de débris de combustible qui brûleront mal, déposeront beaucoup de cendres qui resteront sur le sol et boucheront peu à peu tous les carnaux de tirage. Dans ce cas, les conditions nécessaires pour la combustion des débris de combustible, comme il a été mentionné plus haut, ne sont pas non plus remplies.

« Les mêmes difficultés se présentent en se servant, non pas de débris de combustible, mais de combustible comme il nous le fallait dans nos anciens fours, si le cuiseur faisait les mêmes fautes, comme avec les débris. Il n'y a que de la houille et de la tourbe déposant une très-grande quantité de cendre qui peuvent créer des obstacles sérieux. S'il s'accumule trop de cendre avec un combustible qui n'en donne que moyennement, et par là entrave la marche du four Hoffmann, ce serait uniquement la faute du cuiseur.

« Pour mentionner un exemple, il nous fallait 36,000 pièces de tourbe pour cuire les 12,000 briques contenues dans le carnau. Dans un puits de chauffage du four Hoffmann, il nous faudra 900 pièces de tourbe pour 1,200 briques ; si ce combustible conduit une quantité moyenne de cendre, elle pourra parfaitement se caser parmi ces 1200 briques sans entraver aucunement le tirage.

« Un combustible qui ne donne que peu de cendre sera toujours plus avantageux pour la combustion ; c'est le même cas dans le four Hoffmann ; mais il ne faut pas croire qu'il demande l'emploi d'un meilleur combustible qu'il nous fallait dans nos anciens fours.

« Il n'y a pas à nier que l'emploi de décombres de combustible offre plus de difficulté dans le four Hoffmann : il faut, avant tout, bien connaître les matières que l'on emploie ; quelqu'un qui est bien versé en cela, et dont le four se trouve à proximité de grandes halles qui n'ont presque point de valeur pour le propriétaire des mines, peut, par un marché avantageux et un transport à bon marché, arriver à un prix de revient par 1,000 briques encore bien inférieur à tout ce que nous avons entendu dire aujourd'hui.

« Messieurs, tout en ayant démontré à ceux d'entre vous qui ne connaissaient pas le four Hoffmann et toutes ses qualités, je crois, en même temps, en avoir fait un éloge bien mérité. C'est un appareil tellement ingénieux, qu'il serait impossible à toute la fabrication de briques, etc., d'en démontrer un autre qui supporterait la comparaison. »

1° *Quelle est la meilleure manière d'enfourner la chaux, qui se trouve en morceaux de 5 à 6 pouces de grandeur?*

2° *Quelle est la méthode la plus recommandable pour la cuisson de ciment formé en briques?*

Les points suivants furent discutés :

La remarque fut faite, que la manière d'enfourner les pierres calcaires et le ciment dépendait de leur grandeur et de leur densité. La pierre calcaire doit être enfournée à part ; il n'y a qu'une certaine partie qui peut y être versée.

On s'est plaint que la cendre s'accumulait quelquefois trop dans les carnaux établis sur le sol. On enlevait quelquefois quatre brouettes d'un compartiment. Un de ces messieurs a fait hausser le canal extérieur de 3 pouces et a obtenu un meilleur résultat.

M. Fréd. Hoffmann fait la remarque que l'accumulation de cendre ne peut se faire que là où les fours avaient été mal chargés. En chargeant le combustible en quantités proportionnées et en intervalles réguliers dans les puits de chauffage, une accumulation nuisible de cendre n'aura pas lieu. La meilleure preuve que les cendres ne gênent pas est donnée par ceux qui emploient le plus de combustible, comme par exemple M. Dyckerhoff, qui emploie 6 quintaux (300 kilogrammes) pour ses briques de ciment, ce qui est le double de l'emploi ordinaire que nous avons ici.

M. Dyckerhoff : « Le sol de notre four est tout uni : les carnaux sont formés par les matériaux que l'on enfourne. La cendre n'a aucune influence : même les briques du fond sont bien cuites. »

M. Westphal de Luneburg : « Le sol de notre four est aussi uni, et les carnaux se forment sur le sol par les briques que l'on enfourne. Je suppose que chacun de nous sans exception aura eu au début une accumulation de cendres, et, par conséquent, de la fonte. »

M. Pipowitz : « Il nous faut faire une différence, car il y a charbon et charbon, tourbe et tourbe. Il est rare qu'une tourbe contienne moins de 6 pour 100 de cendres, mais il y en a qui contient 30 pour 100 et plus. Il est clair que cela doit faire une grande différence en brûlant 80 quintaux (4.000 kilogrammes). A Berlin, le dépôt de cendres est rarement au-dessous de 8 pour 100, et cette cendre occasionne de la fonte et forme de la crasse. Nous voulons laisser le soin d'étudier la question à la Société qui doit s'organiser, et à la feuille périodique future. »

M. Platzmann suppose que tous les fours annulaires nouvellement construits sont à sol uni.

3° *A-t-on fait des essais comparatifs avec différents combustibles dans les fours annulaires?*

M. Fréd. Hoffmann : « Tous les combustibles que je connais ont été employés dans le four annulaire, et il n'y a aucun doute que tout combustible peut y être employé ; sa valeur calorique dépend beaucoup moins de la forme que de sa qualité comme combustible, c'est-à-dire qu'elle dépend du degré de la quantité combustible comparée à celle non combustible, de son rebut en cendres et scories, ainsi que de son degré d'humidité. Plus le combustible donne de résidu en cendres ou en scories, ou qu'il contient d'humidité, plus son poids sera grand pour cuire un mille de briques.

« La question ci-dessus formulée demande à résoudre combien de quintaux de bois, de tourbe, de charbon, etc., il faut pour cuire 1,000 briques. Je ne crois pas que cette question puisse être résolue entièrement, parce que, pour cela, il serait nécessaire de faire des essais comparatifs, avec tous les combustibles connus, avec toutes les briques de la même terre et de la même grandeur. En général, on peut dire qu'il faut de 2 1/2 à 3 quintaux (125 à 150 kilogrammes) de charbon de terre ou un autre combustible correspondant à cette valeur, pour cuire 1,000 briques de grandeur ordinaire. Les briques plus grandes et plus difficiles à cuire emploient plus. »

M. Westphal : « Nous avons fait des essais analogues dans notre briqueterie. Il faut environ 3/4 last (20 hectolitres) de charbon de terre pour un compartiment de 12,000 briques. Pour 1,000 briques, il y a une dépense en combustible de 3/4 de thaler (2 fr. 80 c.) avec du charbon de terre; de 25 à 27 1/2 silbergroschen (3 fr. 15 c. à 3 fr. 40 c.) avec la tourbe et du bois mêlé ; et de 1 thaler 2 1/2 silbergroschen (4 fr. 10 c.) avec le bois seul. Le bois coûte 5 thalers (18 fr. 75 c.) le klafter (108 pieds cubes) ; le prix du charbon est de 12 thalers (45 fr.) le last à 48 scheffels (environ 26 hectolitres ou 2,400 kilogrammes). »

M. Grieben, *conseiller de justice de Berlin*, désire savoir si un de ces messieurs s'est servi de lignite.

M. Friedrich de Landsberg : « Je me suis servi de lignite, et j'ai obtenu de meilleurs résultats qu'avec le charbon. J'avais fait venir du charbon, mais je suis retourné au lignite, parce qu'en considération de ma terre très-fusible j'obtenais de meilleurs résultats. »

M. Grieben : « Cette question m'intéresse au plus haut degré, parce que je suis propriétaire de mines de lignite. La valeur du lignite est certainement très-différente selon les couches. Il y a des couches dont le charbon ne donne que peu de cendre, qui est tout à fait blanche. D'autres donnent beaucoup de scories. En général, le charbon cartilagineux, ou charbon en morceaux, est préférable au charbon terreux ou en poussier ; ce dernier, cependant, donne quelquefois tout autant ou même plus de calorique, si, par exemple, les morceaux entiers et durs contiennent beaucoup de matières légères, des parties encore bois, qui se consomment plus vite, mais qui ne produisent pas cette quantité de calorique. »

M. de Rochow : « Le combustible le plus près, ou celui que l'on peut se procurer le plus facilement, est toujours le meilleur marché pour l'exploitation du four annulaire, mais le maniement du poussier de lignite est très-difficile. La matière est trop légère, un courant violent la disperse, et il faut y employer beaucoup de précaution. »

M. Grieben : « Ne peut-on pas humecter le poussier de lignite en enfumant d'abord avec du gros charbon, et en cuisant plus tard avec ce poussier humecté ? »

M. Fréd. Hoffmann : « Ce n'est pas possible, parce que cette humidité ferait fendre les briques rouges au premier contact. L'utilisation du poussier de lignite n'est pas seulement praticable, elle est même très-recommandable. Il n'y a personne présent de l'établissement à four annulaire très-considérable d'Adolphshohe, près Fürstenwalde. Là, presque toute la cuisson se faisait avec du poussier de lignite. M. Seiffert, qui autrefois y était inspecteur, a même employé exclusivement pendant longtemps le poussier de lignite tamisé, ou le résidu de la mine de charbon de Gnadenreich, pour la cuisson de briques, et a obtenu de très-bons résultats. M. Seiffert étant présent, il aura peut-être l'obligeance de nous communiquer ses expériences. »

M. Seiffert : « Nous ne nous sommes servis à Adolphshohe que du poussier de lignite tamisé, et nous avons obtenu les degrés de chaleur les plus élevés qui étaient nécessaires. La terre se cuit difficilement. Quoique ce poussier contînt beaucoup de sable, le dépôt de cendres ne nous a point causé de difficultés, quand on ne faisait point de faute ni en enfournant ni en cuisant. »

M. Fréd. Hoffmann : « Il est naturel que si le poussier de lignite est chargé en trop grande quantité, et sur la même place, si en plus les puits de chauffage ne sont pas faits en sorte d'éparpiller le plus possible le combustible, il se trouvera une partie non consumée, et les briques se trouvant sur le sol seront enterrées dans les cendres et charbons. Les résultats de la cuisson avec le poussier de lignite seul, à Adolphshohe, n'ont plus été aussi favorables, et on a employé de la tourbe en même temps. Comme l'emploi de ce poussier de lignite, qui est très-bon marché, la briqueterie se trouvant à côté de la mine, est d'une grande importance, j'ai promis aux propriétaires d'instruire de nouveau leur personnel pour l'emploi du poussier de lignite sans mélange.

M. Schubert : « *Un de ces messieurs a peut-être fait des essais avec du tan dans le voisinage de tanneries?* »

M. Salomon : « Je suis moi-même tanneur, et je ne crois pas que le tan soit recommandable. Le vieux tan non formé serait trop humide; cependant on le broie, et on en fait ce que l'on appelle de la *tourbe de tan*. La production de cette tourbe de tan serait une expérience trop chère à faire pour l'exploitation du four annulaire. Pour sécher les résidus du tan, il faudrait de trop grands séchoirs. Le peu de calorique qu'il contient ne suffirait pas du reste pour la cuisson des briques. »

M. Fréd. Hoffmann : « Je crois pourtant que le tan est un combustible dont on pourrait très-bien se servir dans les fours annulaires. Ce serait, en tout cas, un bon moyen pour empêcher le charbon de terre de se tasser. Il n'y aurait aucune difficulté à le sécher; on n'aurait qu'à le verser sur le four même quelques heures avant de s'en servir; on sait que la couverture du four donne suffisamment de chaleur. »

4° Quels sont les dérangements qui se sont présentés dans l'exploitation du four annulaire et quels sont les moyens de les éviter?

M. Fréd Hoffmann : « Les dérangements qui se sont présentés proviennent, pour la plupart, d'un enfournement fautif ou d'une cuisson mal menée. On a quelquefois été trop peureux d'avoir de la fonte, et on a négligé le feu ; la chaleur alors a trop diminué et le maniement du four fut plus difficile. En général, on opère avec un feu trop court : c'est une erreur. Le feu, dans un four à 8 compartiments, doit s'étendre sur 2 compartiments ; dans un four de 12 compartiments, sur 3 ; et dans un de 16 compartiments, sur 4 compartiments. Il faut tenir les cuiseurs sous un contrôle sévère, pour qu'ils chargent la quantité exacte de combustible prescrite pour chaque compartiment, et en intervalles réglés d'après une montre. Le défournement et l'enfournement doivent toujours se faire en temps voulu et se régler d'après la marche du feu : le nombre des compartiments se refroidissant et ceux se chauffant doit toujours rester le même. Il faut aussi avoir soin que toutes les ouvertures soient hermétiquement fermées ; toutes ces ouvertures, telles que : trous de chauffage, portes d'enfournement, cloches ou soupapes, les ouvertures pour la coulisse et la coulisse même doivent être sous un contrôle continuel. A part cela, on a eu des dérangements en enfournant des briques trop peu sèches, qui s'affaissent en bouchant les puits de chauffage, de manière à ne pas pouvoir entretenir le feu, du tout ou du moins très-incomplétement. Si l'on ne donne pas de petites charges par intervalles courts et réguliers, comme c'est nécessaire, on n'aura jamais une cuisson égale, bonne et pure. Le progrès de la combustion est très-différent dans le four annulaire de celui des anciens fours. On peut le comparer à celui qui s'opère dans les cornues à gaz. Le combustible, en tombant dans les puits ardents, se sépare de suite en produits gazeux et en matières solides. Ces matières s'enflamment et se consument, parce que l'oxygène de l'air circule dans toute la coupe du four; les gaz se consument de suite en venant en contact avec l'oxygène brûlant de l'air. L'opinion que l'on avait qu'il n'était pas possible de brûler des matières en poussier dans ce four est donc fausse ; il faut même, au contraire, leur donner la préférence. Le combustible doit être réduit en petits morceaux. C'est la chaleur qui a la tâche de produire une combustion complète, et elle la remplit facilement. Avec un feu sur grille, c'est le tirage qui a cette besogne, qui n'est pas si facile, car l'air atmosphérique doit d'abord, avec des grilles ordinaires, percer la couche du combustible pour pouvoir se réunir à ses produits décomposants.

« Il y a eu des cas où l'on ne put diriger le feu à volonté, vers en haut ou vers en bas. Ce sont des choses qui ne peuvent arriver qu'aux personnes qui n'ont pas d'idée du maniement du four. Le feu suit le courant, que l'on peut régler à chaque instant moyennant les soupapes. Pour obtenir plus de feu par en bas, on n'a qu'à ouvrir les soupapes derrière et près du feu. Si le feu est trop par en bas et pas assez par en haut, on n'a qu'à diminuer le tirage. Dans ce dernier cas, la quantité d'atmosphère qui entre dans le four est amoindrie, et toutes les autres ouvertures, qui peuvent se trouver dans le four, ne seront pas capables d'aspirer de l'air extérieur. Cette circonstance, c'est-à-dire celle des fissures et des fentes, dont on ne s'aperçoit pas dans le four, surtout aux couverts des trous de chauffage, et, de plus, en ayant un tirage trop fort dans le four, peuvent contribuer à ne pas pouvoir obtenir le degré de chaleur voulu.

Que l'on fasse révision minutieuse dans chaque compartiment vide ; si la soupape qui y communique dans le fumoir [1] se ferme hermétiquement, que l'on ait soin que tous les bords des couvercles de chauffage soient bien baignés dans le sable, qu'il ne se trouve point de passage d'air aux ouvertures de coulisse et aux portes d'enfournement, et que le feu soit alimenté soigneusement, l'on arrivera presque toujours à obtenir un feu jusqu'à l'incandescence. »

M. Dyckerhoff : « *A-t-on fait des expériences pour obtenir une bonne fermeture des ouvertures de coulisse ?* »

M. Fréd. Hoffmann : « Le meilleur moyen est de poser de

[1] Fumoir : endroit où se trouvent placées les soupapes réglant le tirage, faisant communication entre le four et la cheminée.

grandes plaques réfractaires sur les briques. Ces plaques ne se fondent pas. Il faut qu'elles soient faites exprès. »

M. Turrschmiedt : « Les fours annulaires auront plus tard de l'importance pour tous les progrès de grillage et de fonte des minérais.

« Dans toute la fabrication de la poterie, il ne se trouve aucun moyen aussi simple à hausser la chaleur, comme avec le four Hoffmann. On emploiera le système Hoffmann pour cuire la porcelaine ordinaire, il est clair que ce sera une tâche de manipuler le four d'après la nature des matières qui y sont enfournées ; de manière à ce que l'un couvrira ses ouvertures de coulisse avec des plaques réfractaires et un autre avec des briques ordinaires. »

M. Fréd. Hoffmann : « J'espère que je serai à même de vous faire des communications, à notre prochaine entrevue, concernant la cuisson de poteries dans les fours annulaires.

5° *Quel est le moyen le plus rationnel de se défendre contre ceux qui, dans les pays n'ayant point de brevets, construisent des fours sans s'appliquer à l'inventeur ?*

M. Fréd. Hoffmann : « Je suis de l'opinion que l'on abandonne ces fours à leur destinée. »

Cette idée est généralement approuvée.

M. Dickerhoff : « Comme preuve que c'est ce qu'il y a de mieux à faire, je puis, Messieurs, vous citer notre four annulaire. Le four a cependant été construit d'après les plans de M. Hoffmann, mais quelques changements dans des détails ont fait que plusieurs essais réitérés n'ont produit aucun résultat. Quand j'entrepris l'exploitation du four, je priai M. Hoffmann de l'examiner. Le four ne tarda pas à donner de bons résultats.

« D'un autre côté, l'opinion fut émise qu'il est nécessaire de se défendre contre ceux qui s'adaptent les expériences que les autres ont payées cher en argent et en peines, et cherchent à en profiter à leur détriment. Un négociant honnête ne peut pas entrer en concurrence avec de tels gâcheurs. »

M. Wilhelm Hoffmann fait la proposition de former une société qui pourra défendre les intérêts communs aussi au dehors, et, en cas de nécessité, contre ceux que l'on vient d'appeler gâcheurs.

La formation d'une telle société trouva un assentiment très-vif. M. le président ainsi que MM. Turrschmiedt, de Rochow, Lipowitz et d'autres, expliquèrent les nombreux intérêts scientifiques et matériels dont la société aura à s'occuper, et des moyens qui se présentent pour remplir ce but, tels que des assemblées ambulantes, publication d'une feuille périodique, installation d'un bureau, etc.

Il fut proposé et décidé de ne pas limiter la société aux propriétaires de fours annulaires, mais de recevoir membres tous ceux qui portent intérêt aux améliorations de la fabrication des briques, objets céramiques, chaux et ciment. Un comité fut alors nommé pour délibérer les statuts de la société, afin de pouvoir les présenter à l'assemblée de demain. Il fut nommé : MM. Turrschmiedt, Fréd. Hoffmann, de Rochow, Lipowitz, Grieben, Wilhelm Hoffmann et Platzmann.

6° *Quelle est la meilleure manière et la moins coûteuse pour établir les séchoirs ?*

MM. Fréd. Hoffmann, Greese et Dyckerhoff font quelques remarques sur la manière de sécher les briques, et M. Dyckerhoff trouve nécessaire l'établissement de séchoirs chauffés sur les fours annulaires. On trouve qu'il n'est pas possible de donner une réponse précise à cette question, parce que d'abord la situation des localités a une influence très-grande, et ensuite la question ne précise pas si ces séchoirs sont entendus pour une production à machine ou à la main.

7° *Quelle est la manière d'empêcher le prix de la main-d'œuvre d'augmenter d'année en année ?*

La réponse à cette question fut fournie de différentes parts, par des communications de circonstances réelles. Il est démontré par là qu'une partie des briqueteries travaille avec des ouvriers qui dépendent du maître briquetier et sont payés par lui, une autre partie reçoit sa paye en entier ou en partie du propriétaire de fabrique. La dernière manière est la plus usitée et se pratique surtout dans des briqueteries de campagne ; la première, par contre, a lieu là où l'on emploie des ouvriers ambulants, par exemple, ceux de *Lippe*. On fait la remarque que les briqueteries qui n'ont pas de logements à donner à leurs ouvriers ont un grand désavantage, et ne pourraient exister sans ouvriers ambulants ; d'un autre côté, on trouve qu'il n'est pas possible de domicilier des ouvriers là où l'on n'a pas d'ouvrage suffisant à leur donner pendant la saison d'hiver. Il faudrait donc tâcher que la fabrication des briques, etc., devînt une fabrication régulière qui puisse continuer ses travaux, au moins en partie, pendant l'hiver. Jusqu'à présent, cette fabrication n'a été pour la plupart considérée que comme métier secondaire dans les occupations champêtres. Parmi les rapports faits à ce sujet, celui de M. Henrici est un des plus intéressants ; il constate qu'à la briqueterie de M. Drasche, à Vienne, il y a des habitations pour trois mille ouvriers, un asile pour les enfants d'ouvriers, une maison de bains et des écuries pour six cents chevaux.

MM. de Rochow, Nitze, Salomon, Ascher, Willers, Turrschmiedt, Grieben et autres prennent part à cette délibération, où l'on fait mention de l'utilité des caisses d'épargne (analogues aux sociétés ou corps des mineurs, chez les mineurs), et des avantages des associations. Une association comme elle s'est formée par les ouvriers briquetiers de Lippe est très-recommandable. Comme résultat de cette discussion, on trouve généralement très-utile l'établissement de maisons ouvrières, et le moyen le plus sûr d'obvier à des prétentions exagérées des ouvriers pour leurs salaires.

8° *Quelle est la manière la plus facile d'obtenir la couleur désirable et égale aux briques ?*

On considère cette question comme résolue ; MM. Fréd. Hoffmann, Weysser, Pippow et Turrschmiedt font cependant encore quelques remarques. Comme meilleur moyen, ils recommandent une cuisson bien égale et régulière. L'opinion de M. Weysser que l'on obtient plus d'égalité dans la marchandise par un feu lent, est partagée par ces messieurs. Comme bien des propriétaires de briqueteries sont obligés de fabriquer des briques d'une certaine couleur, parce que le public la désire, et que l'on juge de la qualité des briques par leur couleur, on tient pour très-utile de reprendre cette question à toute occasion future.

Fin de la délibération à quatre heures.

Séance du 13 janvier 1865.

M. Fréd. Hoffmann ouvre la séance à dix heures et demie.

L'assemblée décide de débattre le projet de statuts à la fin de la séance, et de s'occuper des questions du programme qui n'ont pas été discutées à la session d'hier.

1° *Quelles sociétés d'assurances contre le feu ont accepté l'assurance des fours annulaires, et à quels taux?*

Après que MM. Fréd. Hoffmann, Gress, de Rochow, Pippow, Willers, Westphal, Braull, Dyckerhoff et d'autres avaient émis leurs opinions sur cette question, il fut décidé de confier ce sujet au bureau de la Société.

2° *Doit-on permettre l'accès des fours annulaires aux étrangers sans qu'ils aient une recommandation spéciale, par rapport à ce que ces occasions sont quelquefois profitées pour engager des ouvriers utiles, et pour les détourner?*

Après une courte discussion, on a trouvé qu'il fallait laisser libre chaque propriétaire d'agir à ce sujet comme bon lui semblait. On propose que chaque membre de la société à constituer sera considéré recommandé en présentant sa carte comme membre.

3° *Quelle est la manière la plus facile de refroidir les compartiments où les ouvriers sont occupés au défournement; spécialement dans les fours sous terre et dans le cercle intérieur des fours doubles?*

M. le président recommande pour ce but des tuyaux en bois ou en glaise cuite, d'une hauteur de quatre à cinq pieds, que l'on place sur les trous de chauffage du compartiment où les ouvriers sont occupés. En produisant un courant plus énergique par ce moyen, le refroidissement se fait plus vite.

M. Griese propose à ce but des ventilateurs à deux pans, comme on s'en sert sur les navires de guerre pour la ventilation.

M. Lipowitz ne les trouve pas convenables; il conseille pour cela l'établissement d'un ventilateur, surtout là où l'on a une machine à vapeur à sa disposition.

M. Willers dit que son four se trouve en dessous du niveau de la terre. Quand il lui arrive d'avoir trop de chaleur dans un compartiment à défourner, il place une seconde coulisse, et augmente le tirage en ouvrant la soupape qui correspond avec le compartiment qui doit être défourné.

M. Fréd. Hoffmann remarque que c'est certainement un moyen radical, en produisant de suite un courant d'air froid très-énergique; mais cela se fait au détriment de la colonne d'air dans la cheminée, et qu'il ne voulait pas recommander une chose pareille. En certaines circonstances, cela peut être très-nuisible.

M. Neumann profite de l'occasion pour faire mention des ventilateurs à quatre vents, usités en Angleterre.

M. Edouard Hoffmann remarque que l'on s'en est aussi servi en Allemagne avec succès.

M. Fréd. Hoffmann explique l'effet de cet appareil, qui, comme tout autre, demande deux colonnes d'air de différentes hauteurs, et fait l'observation que le placement de tuyaux en bois ou terre cuite sur les trous de chauffage produit le même effet.

On fit encore la remarque que les ouvriers s'habituent facilement à la grande chaleur.

La question est recommandée aux propriétaires de fours souterrains ou doubles ; on leur demande de faire des essais, tout en les avertissant d'éviter des moyens trop énergiques.

4° Peut-on remplacer les coulisses par des portes dans les fours annulaires?

M. le président considère cette question comme très-facile, mais n'y voit point d'avantages marquants. Il profite de cette occasion pour faire mention d'une demande qu'on lui a faite : *Si on ne pouvait pas faire les ouvertures du couloir plus petites?* Il croit ne pas pouvoir donner ce conseil, parce que l'ouverture plus large produit plus de ventilation, ce qui est très-utile et nécessaire.

5° La brique poreuse d'un poids de quatre à cinq livres (2 à 2 kilog. 1/2), peut-elle partout remplacer la brique creuse?

M. DE ROCHOW : « J'ai posé cette question, et je puis en parler autant que mes expériences me le permettent. Ma terre est grasse et se travaille difficilement. Mes malaxeurs n'ont pas pu la préparer suffisamment. Les briques se fissuraient par les parties noueuses contenues dans la glaise. Maintenant que j'ai une machine, et qu'elle est menée avec entendement, ces inconvénients ont disparu, et j'ai des briques d'un mélange très-égal. Pour faire des briques poreuses, j'y mêle du poussier de tourbe, il en résulte que la brique prend une autre consistance, en recevant des cavités qui proviennent de ce que les particules de tourbe se consomment. La question est donc de savoir si ces briques répondent au but qu'elles ont à remplir ? Elle est tout aussi, ou même plus légère que la brique creuse, dont le but est de la rendre aussi légère que possible (?). Mais je suis dans le doute si la brique poreuse peut remplacer la brique creuse, ou si la dernière est préférable ou même indispensable pour certains buts. »

M. DE ROCHOW avait exposé de ses briques poreuses à l'assemblée, qui a émis l'opinion qu'il faut les considérer comme essais si la matière convenait pour la fabrication de briques poreuses, mais que les briques mêmes ne pouvaient être considérées comme des briques poreuses bien faites. La glaise n'y est pas égale et la tourbe que l'on y avait mêlée n'était pas tamisée.

La pratique de fabriquer des briques poreuses est très-connue et est appliquée dans beaucoup de briqueteries, quand même dans la plupart des cas on ne faisait pas ce que l'on peut appeler des briques poreuses, mais elles étaient du moins plus légères. La différence ne se trouve que dans la quantité de matières combustibles que l'on y ajoute. Les briquetiers désirent amoindrir le poids de leurs briques par rapport au transport. Ce qu'ils ne désirent par contre pas, c'est que leur client s'aperçoive du moyen employé. On n'ajoute donc ces matières pour mélange qu'en petite quantité, et dans un état aussi finement pulvérisé que possible. C'est pour cela que le poussier de tourbe, de charbon de terre, la sciure de bois sont soigneusement tamisés, où l'occasion se présente le charbon de terre est pulvérisé, pour éloigner les petits morceaux, qui, après la cuisson, laissent des trous trop visibles.

Pour la brique poreuse, il faut des pores, mais non des trous ; on ne veut pas non plus des briques surcuites, mais cuites. Pour ce but, il faut employer les matières dont on se sert, préparées de la même manière que pour les briques légères. Pour une fabrication de briques poreuses, il faut de grandes quantités de ces matières, et pour que l'exploitation soit avantageuse, il faut non-seulement que la glaise de qualité nécessaire s'y trouve, mais aussi que ces matières pour mélange soient à bon marché et faciles à se procurer. Outre le poussier tamisé de charbon de terre, de lignite, de tourbe et de sciure de bois, on peut aussi employer de la tourbe fraîche, si elle est finement fibrée et sans racines, ainsi que le lignite que l'on rencontre quelquefois dans un état humide et tendre. La première condition, c'est d'en former une masse sans couches et homogène, car l'homogénéité est la base pour la durée et la solidité des briques.

M. Stange-Dessau : « Cette question m'intéresse au plus haut point, parce que je fabrique annuellement plusieurs millions de briques poreuses. Le choix de la glaise pour la fabrication des briques poreuses est très-essentiel. J'exploite ma briqueterie en connexion avec une mine de lignite. La terre que j'emploie pour la brique poreuse appartient à la formation du lignite. Elle n'appartient pas à la classe d'argile, qui est généralement employée pour la fabrication des briques; c'est une glaise plastique. C'est une bonne et forte matière qui supporte le mélange de poussier de charbon, de tourbe ou de la sciure de bois. Je crois que mes briques remplaceront en toutes circonstances les briques creuses. Elles le peuvent sous le rapport de la légèreté, et, comme preuve de leur qualité comme isolateurs, je me permettrai de faire mention du fait suivant. J'ai bâti quatre fours en briques poreuses sur ma briqueterie. Ces fours sont restés sans aucune fente. J'ai construit un four pour cuire de la porcelaine, dont l'intérieur est en briques réfractaires et l'extérieur en briques poreuses. Ce four devait en même temps chauffer le bâtiment dans lequel il se trouvait, et où se faisaient les ouvrages de moulures, comme on le trouve souvent dans les fabriques de ce genre. J'ai manqué mon but, les parois extérieures ne se chauffaient pas à pouvoir chauffer le bâtiment. On ne pourrait guère donner une meilleure preuve combien ces briques ont la capacité d'isoler. Les briques creuses ne sont pas si faciles à tailler que les briques poreuses, et les coins de murs ne se font pas si commodément qu'avec des briques pleines. Je me suis fait donner des attestats officiels sur la force de résistance de mes briques poreuses, d'après lesquels ces briques dépassent de 150 livres (75 kilog.) par pouce carré les briques ordinairement employées à Berlin. Il faut cependant que je remarque que si l'on prend de l'argile maigre ou que les briques ne soient pas cuites jusqu'au point de la fonte, une pareille force de résistance n'aura pas lieu et sera même insuffisante pour certains buts de construction. »

M. l'inspecteur Wilhelm Hoffmann : « Pendant l'érection du Musée, j'ai eu très-souvent l'emploi de briques creuses et de briques poreuses. D'abord c'étaient des briques creuses de la fabrique de March. Elles faisaient d'excellentes voûtes et de belles murailles. Le coût en était cependant très-élevé, et revenait à 50 thalers (187 fr. 50 c.) pour l'espace de mille briques. A part cela, la forme ronde qu'avaient ces briques faisait employer une grande quantité de mortier, ce qui agissait au détriment de la légèreté que l'on demandait. On a alors employé des briques légères, et c'était la terre infusoire de Berlin dont on s'est d'abord servi pour faire ces essais. On a fabriqué avec cette terre des matériaux d'une grande utilité. La brique avait la solidité des briques ordinaires, et sa légèreté était telle qu'elle nageait sur l'eau. La provision de terre n'était pas suffisante et il fallut prendre recours aux briques poreuses. Au début, la plupart des mélanges ne furent pas heureux. Les briques étaient très-fissurées et avaient de trop grands trous : j'ai cru remarquer que les matières inflammables, telles que les particules de poussier de charbon de terre et de tourbe que l'on avait employées, formant des gaz pendant la combustion, ces gaz se frayaient un passage à travers la brique et donnaient lieu aux fissures. A part cela, les briques étaient très-hygrométriques et inservisables pour des isolations. Je suis néanmoins de l'opinion qu'en employant une autre matière, on puisse arriver à fabriquer une brique qui soit, sous bien des rapports, préférable à la brique creuse. Comme intermède, je recommanderais de la paille ou de la paille hachée, si cela ne revient pas trop cher. En tout cas, ces matières ne produisent pas autant de gaz pour ne pouvoir s'échapper sans endommager la brique. »

Après avoir démontré de différentes parts, que l'utilisation de paille ou paille hachée reviendrait trop cher, M. Stange fit l'observation qu'il espérait être à même de présenter de ses briques avant la fin de l'assemblée, ses produits étant beaucoup employés à Berlin. On pourra se convaincre qu'il n'est pas nécessaire d'employer ni paille, ni paille hachée, mais une matière suffisamment fine et égale.

Une discussion spéciale à ce sujet a lieu, mais ne présente pas suffisamment d'intérêt pour en faire mention.

M. le président fait la communication qu'en Angleterre l'usage d'ajouter du fraisil à l'argile est généralement usité, et que ces briques sont employées pour construction de ponts et de bâtisses publiques.

En considération de la quantité de combustible employée aux briques poreuses, l'on obtient une grande économie en comparaison de ce que la cuisson des briques ordinaires vous revient. On a trouvé généralement que la valeur des matières mêlées, telles que poussier de charbon, de tourbe, etc., n'avait pas seulement une valeur comme combustible, mais une telle, comme moyen d'obtenir des matériaux cuits complétement jusqu'à leur intérieur.

M. Fréd. Hoffmann dit qu'au four annulaire de M. Bourry d'Ivernois, à Horn, qui a douze compartiments, onze furent enfournés avec des briques poreuses, et que le four a fait sa cuisson sans y ajouter d'autre combustible.

M. Stange croit devoir mentionner qu'il ne voudrait pas que l'on prenne les résultats du four de Horn et ceux du four de M. de Rochow, comme preuve que les briques poreuses se cuisent toutes seules, ou qu'elles se cuisent toutes seules dans un autre four, mais que ceci dépend de l'influence du combustible sur la matière à cuire, et dépend de la matière même, à quel point elle se trouve bien cuite. Quant à ces briques, elles demandent encore beaucoup de cuisson après que la combustion des matières contenues soit passée.

M. Salomon désire connaître le prix des briques poreuses.

M. le président répond qu'à *Berlin* le prix était presque le même que celui des briques creuses, et qu'on les paye environ 14 thalers (52 fr. 50 c.) le mille, tandis que l'on achète les briques ordinaires à 10 thalers (37 fr. 50 c.). La différence entre briques creuses et briques pleines est plus grande ici qu'en Angleterre. En Angleterre, la brique creuse a pris beaucoup plus d'importance que chez nous, et le prix des deux sortes est à peu près le même.

M. le président fait la remarque que la question de la fabrication de la brique poreuse peut être considérée comme résolue, mais qu'il priait MM. les architectes d'émettre leur opinion concernant l'emploi des briques poreuses, comparé à celui des briques creuses dans les constructions.

Par suite du débat qui a eu lieu, on arrive à la conclusion que l'effet de la brique creuse qui a assez de solidité provient de l'air stagnant qui s'y trouve. On croit que cet effet ne sera pas augmenté en faisant suivre ces canaux intérieurs, en évitant les interruptions. On peut cependant obtenir des buts de ventilation avec des briques creuses, mais que l'idée primitive était d'obtenir une isolation.

La brique creuse contient donc l'air enfermé dans des espaces en terre cuite ; la brique poreuse le contient dans le système cellulaire dont elle est formée. La question de savoir si la brique poreuse et bien faite puisse *partout* remplacer la brique creuse n'est affirmée définitivement par aucun des experts présents, mais on trouve que la brique poreuse appartient à un des matériaux les plus utiles pour l'établissement des murs mitoyens et surtout pour les voûtes. La mauvaise qualité des briques poreuses que l'on a fabriquées jusqu'à présent est cause du peu d'emploi qu'elle a trouvé.

Cette déclaration a été acceptée avec remerciments par les propriétaires de briqueteries, et l'on a émis le désir que MM. les architectes veuillent bien aussi, à l'avenir, faire part à l'assemblée des expériences qu'ils sont à même de se procurer.

6° *Quelles sont les meilleures dimensions et formes pour la brique, dans l'intérêt :*

(*a*) *Du fabricant ;*

(*b*) *De l'entrepreneur.*

Ce débat fut ouvert par M. le PRÉSIDENT et MM. DE ROCHOW, GREESE, WILH. HOFFMANN, TURRSCHMIEDT, et d'autres. Le fabricant croit généralement qu'une petite forme ; l'entrepreneur qu'une grande forme lui est plus favorable. On peut tenir compte aux deux, en fixant une grandeur et forme moyennes ; mais il reste à savoir, si les intérêts du fabricant et de l'entrepreneur sont les mêmes dans tous les pays.

Il faut tenir comme principe, de rendre le maniement de la brique aussi facile que possible au maçon ; qu'elle puisse être enlevée et posée d'une main. Ceci stipule une largeur de tout au plus 5 pouces (13 centimètres) avec un poids ne dépassant pas 8 livres (4 kilog.). La longueur des briques doit correspondre avec la largeur pour tenir la liaison ; l'épaisseur, par contre, est indépendante de la longueur et largeur.

Pour des constructions ordinaires (laissant hors de question des spécialités), *l'avantage de l'entrepreneur ne demande pas de grandes dimensions de longueur et de largeur.....* On dissipe des matériaux et de l'espace, par conséquent, de l'argent en deux sens, en employant des briques ayant plus de 9 pouces (23 à 24 centimètres) de long. Les conditions sont différentes pour l'épaisseur. L'intérêt de celui qui bâtit est donc d'avoir des briques aussi épaisses que possible. Pour citer un exemple, la brique de 2 pouces 1/2 (65 millimètres) a la valeur de 15 thalers (56 fr. 25 c.) pour l'entrepreneur, tandis qu'il doit payer la brique de même grandeur, mais d'une épaisseur seulement de 2 pouces (52 millimètres), 12 thalers (45 fr.). S'il était donc possible de produire des briques de 2 pouces 1/2 (65 millimètres) avec un coût comparé à celles de 2 pouces (52 millimètres), comme 2 1/2 à 2, il serait dans l'intérêt du public, aussi bien que dans celui du fabricant, de produire les briques plus épaisses.

M. TURRSCHMIEDT fait l'observation que si deux personnes fabriquent des briques et tiennent la même mesure, avec la différence que l'un leur donne l'épaisseur de 2 pouces 1/2, et l'autre de 2 pouces, il se trouve qu'avec une production de 3 millions de briques chacun, nous aurons le résultat suivant : pendant que l'un fabriquera 1,400 briques en employant 1 schachtruthe (4 1/2 mètres cubes) de terre, l'autre en fera 1,680 briques; c'est-à-dire que l'un aura à tirer, à transporter, à préparer pour la fabrication 2,144 schachtruthen (9,648 mètres cubes) de terre, il ne faudrait à l'autre que 1,725 schachtruthen (7,762 mètres cubes). Cela fait donc déjà une différence de 358 schachtruthen (1,611 mètres cubes) avec lesquels on peut, de nouveau, fabriquer 600,000 briques.

La différence sera encore augmentée par la cuisson. Supposons que les deux fabricants aient la même glaise. La cuisson de chaque brique est une métamorphose que nous obtenons par la chaleur. La quantité de chaleur qu'il nous faut pour cette transformation se trouve en proportion directe avec le poids de la brique; c'est pour cela qu'une brique qui a un cinquième de plus de matière emploiera un cinquième de plus de chaleur ou de combustible pour sa métamorphose. Mais, à part cela, la brique n'est pas une pièce que nous puissions, par exemple, fondre d'une fois; nous ne devons lui transmettre la chaleur qu'elle absorbe que peu à peu.

Ce point est toujours négligé dans les calculs scientifiques, quoiqu'il soit d'une grande importance dans l'acte de cuisson, dont nous ne pouvons pas non plus donner la valeur en chiffres, mais nous pouvons nous en faire une idée, car nous savons qu'un corps d'un pied cube ne sera pas capable d'absorber la chaleur qu'il lui faut pour sa métamorphose, c'est-à-dire d'être cuit aussi vite qu'un corps d'un pouce cube. Il nous faut donc cuire plus longtemps et produire plus de calorique aux pièces de plus grand volume, nous employons donc plus de combustible.

La différence entre une brique de 2 1/2 pouces et une de 2 pouces d'épaisseur ne sera pas grande, en voulant fixer la quantité de combustible que la première a employée de plus que la seconde. Mais, dans une production de 3 millions, celui qui a fabriqué les briques plus fortes n'aura pas seulement employé un cinquième de plus de combustible que son collègue, mais encore considérablement davantage.

7° *Quel est le meilleur mélange d'argile gras et de sable pour les briques faites à la machine?*

M. le PRÉSIDENT remarque qu'il ne sera guère possible de répondre à cette question dans un sens général, parce que chaque glaise demande d'autres proportions, que l'on trouve le plus facilement par les essais. De plus, cela ne dépend pas seulement de la qualité de l'argile, mais aussi de celle du sable.

8° *Quelles machines à briques ont trouvé le plus d'emploi dans ces derniers temps, et quelles sont les meilleures machines à préparer la terre pour la fabrication des briques à la main?*

M. DE ROCHOW : Je possède une machine de HERTEL ET Cᵉ, et je puis dire qu'elle a une capacité de production très-considérable. La terre est tellement mêlée et travaillée avant d'être pressée hors de la machine, que la liaison en est aussi complète que celle des briques faites à la main, ou, si je puis m'exprimer ainsi, avec une densité régulière, pareille à un alliage aquatique. J'obtiens ce résultat en mélangeant ma glaise avec du sable aigu et lavé. Le sable lavé devient pour ainsi dire machine dans la machine : il écrase les plus petites particules de la terre, de manière à former une masse très-homogène.

« J'ai été mis dans l'embarras par cette machine, n'ayant pas pu arranger des séchoirs suffisants pour placer toutes les briques qu'elle produisait. La brique faite à la machine doit être manipulée avec soin, il ne faut pas trop la toucher.

« Je possède une seconde machine, un malaxeur, qui a de même une paire de rouleaux qui écrasent les pierres. La machine est bonne, et préparait suffisamment de terre pour trois tables à mouler, ainsi que pour six mouleurs de briques. »

M. FRIED. HOFFMANN : « La question de savoir si la fabrication à la machine est nécessaire est une question très-importante. Quant à moi, je l'affirme. Nous devons viser à l'exploitation à la machine, et ne pouvons nous soustraire de l'importance de cette question. On s'est servi de machines pour la préparation de la terre. Il y en a de très-anciennes, il y en a de très-simples et de très-compliquées : pour le moment, il n'est pas question de celles-ci, mais des *machines qui forment les briques*. La tâche qu'une telle machine aurait à remplir serait sans doute celle-ci : elle doit recevoir la terre telle qu'elle sort de la fosse, ou, ce qui vaudrait encore mieux, la chercher elle-même, préparer et travailler cette terre, et en former des briques, irréprochables dans leur forme, égales et solides, dans leur intérieur, qui se sèchent facilement, ou encore mieux, qui pourraient être enfournées de suite. A part cela, la machine doit être simple, durable et à bon marché comme prix de revient et comme exploitation. Voilà ce que je crois que le fabricant de machines à briques doit considérer comme but, et celui qui arrivera le plus près à résoudre cette tâche aura certainement construit la meilleure machine. Je ne crois pas qu'aucune machine existante ait résolu cette question entièrement, car l'une et l'autre machine laissent encore à désirer. Dans les pays où la main-d'œuvre est chère, on sentira le plus de besoin d'avoir des machines ; c'est aussi là que l'on aura fait les plus grands efforts. Je ne connais malheureusement pas spécialement les machines américaines. Je puis, par contre, vous montrer des échantillons de briques anglaises et françaises, qui prouvent que, dans les deux pays, on a fait des efforts pour produire, par l'emploi de machines, des briques solides et compactes, et qui en même temps se sèchent facilement. Les deux briques faisant la ronde maintenant sont faites avec la machine de Bradley et Craven, à *Wakefield-Yorkshire*, Angleterre. Elles sont faites d'une matière pierreuse ayant la dureté du chiste, et personne de nous ne croirait que l'on puisse l'employer à la fabrication de briques. Elles sont faites avec la matière brute, telle qu'elle sort de la fosse, dans son état d'humidité naturelle, et sont alors soumises à une forte pression ; elles obtiennent par là une densité extraordinaire, dont on peut déjà juger par leur poids.

« Le second échantillon de briques provient de *Lille*, en France. Le constructeur de machines à briques, Milch, a été un des premiers qui aient fourni des machines pour former les briques dans notre pays. Maintenant ses machines sont pour la plupart oubliées. Plus tard, Milch s'est rendu à *Paris ;* j'y ai vu une de ses machines, qui est basée sur un tout autre principe. Une pareille machine fonctionnait à *Lille ;* la brique que je vous montre provient de là. La brique est formée avec de l'argile dans son état naturel d'humidité, et devient assez solide pour que deux briques posées de champ puissent porter un homme en ne laissant qu'une faible empreinte du talon du soulier. La brique présente une homogénéité égale et une grande densité; elle est bien équarrie et les côtés étroits sont unis.

« Le principe de quelques fabricants anglais et américains de former en briques des matières sèches par une grande pression, paraît être abandonné partout, et je crois que l'on n'y reviendra plus. Ce qui manque à ces briques, c'est ce que M. de Rochow a appelé l'alliage aquatique, que nous considérons tous comme indispensable pour obtenir une bonne brique. »

Des trois fabricants de machines à briques qui se trouvent présents, M. Schlickeysen dit, en faveur de la sienne, que la terre doit être travaillée avec assez d'humidité, pour que les briques ressemblent à celles faites à la main. Il se fonde sur l'opinion que les briques faites de terre humide ont plus de solidité. Il en résulte tout naturellement qu'il y aura des difficultés pour les empiler.

« J'ai recommandé la machine Sachsenberg aussi longtemps que je n'en connaissais pas une meilleure. Elle produit de bonnes briques partout où l'on emploie une argile grasse et égale. En employant par contre une matière inégale et peu homogène, elle a le défaut de produire des briques dont le mélange n'est pas uniforme, surtout si, par exemple, la matière consiste en deux terres différentes, dont l'une est grasse et l'autre maigre. En cas semblable, il faut se servir d'un malaxeur qui prépare la terre pour la machine à former les briques.

« De ces trois machines, je donne la préférence à celle de Hertel et Cᵉ. Elle se contente de toutes les matières. Elle est plus universelle. Non-seulement elle forme la terre, mais aussi elle la travaille. Son avantage consiste en ce que le mélange de le terre et la formation des briques se font avec la même machine, avec une suite rationnelle des opérations et conforme aux exigeances.

« En passant entre une paire de rouleaux broyeurs, les mottes de terre sont écrasées et les pierres broyées. Les débris et les éclats de pierre sont éloignés en partie par un petit appareil. La matière ainsi écrasée, broyée et défaite, est ensuite mélangée, de manière à ce que les parties qui étaient dures auparavant s'unissent avec les parties molles, et ce qui était hétérogène d'abord devient homogène par le mélange.

« Les opérations qui se suivent sont dans un ordre contraire dans les machines Sachsenberg, même avec l'emploi d'un malaxeur. Le mélange se fait d'abord par le malaxeur, puis le broiement de la masse par les cylindres, de manière à ce que les mottes et les pierres, quoique écrasées, ne se divisent et ne se mêlent plus, mais restent unies. Une matière hétérogène, contenant des morceaux et des mottes, ne peut pas devenir si homogène dans cet appareil, et l'inégalité de la matière se voit où le ruban de glaise qui se produit est coupé.

« Le but, d'obtenir des briques compactes et assez solides pour être séchées facilement, a été atteint par les deux fabricants, et, d'après mon opinion, c'est une chose essentielle. »

M. Salomon fait la remarque que la machine Sachsenberg a un meilleur appareil à couper les briques.

M. Fréd. Hoffmann : « La différence est de peu d'importance. La machine Hertel peut être arrangée de la même manière, pour couper d'abord le ruban de glaise. Les opinions sont, du reste, différentes à ce sujet : les uns préfèrent la coupe en travers; les autres, en long.

M. Eberling, représentant de la fabrique Sachsenberg : « Les briques des deux machines ne se distinguent que par les fibres. Toutes les trois machines dont les fabricants sont ici présents répondent à leur but. Les expositions d'industrie ont aussi démontré que nos machines tiennent parfaitement tête aux machines anglaises. Les produits de nos machines dépassent de beaucoup ceux des machines anglaises, pour la beauté. Par l'entremise de la Société et de la feuille périodique, nous arriverons sans doute à obtenir une machine qui répondra à tous les besoins. »

M. Dr. Filly : « D'après les rapports officiels de l'Exposition de *Breslau*, la machine Sachsenberg employait beaucoup moins de force, seulement la moitié, de celle de Hertel. Il y a encore une autre raison pourquoi la machine Sachsenberg est à préférer à celle de Hertel, c'est que la première est la seule adoptée à l'établissement de M. le conseiller Bolze, à *Salzmunde*, qui est mené avec beaucoup d'intelligence. »

M. l'ingénieur-civil Neumann de Halle : « Ceci ne constitue pas du tout une preuve suffisante, car quoique l'établissement de M. Bolze soit mené d'une manière intelligente, les fours annulaires n'y ont pas encore été introduits, et pourtant, personne ne niera, après tout ce que nous avons entendu, qu'ils soient bien préférables à tous les autres. »

M. Fréd. Hoffmann : « Si la machine Sachsenberg demande moins de force pour l'argile de *Salzmunde*, que celle de Hertel, l'explication en est facile ; car l'argile qui s'y trouve est d'excellente qualité et ne demande point de malaxeur. La machine ou presse Sachsenberg ne peut, par contre, pas se passer d'un malaxeur, ou les matières ne sont pas parfaitement homogènes, et c'est justement ce malaxeur qui emploie beaucoup de force. »

M. Salomon : « Il se trouvait différentes machines à l'Exposition internationale de *Hambourg*, l'année passée, entre autres, celles de Hertel, de Sachsenberg, et une d'*Angleterre*, de Clayton. Nous avons observé ces machines pendant plusieurs jours, et j'avoue que tous ceux qui les ont vues ont trouvé celle de Hertel supérieure aux autres. Un mélange de très-mauvaise glaise, pour ainsi dire de la terre sablonneuse, fut parfaitement travaillé par la machine Hertel. Par contre, l'embouchure de la machine Sachsenberg me plaît davantage. »

Après un débat entre MM. les fabricants de machines, ayant plutôt un intérêt personnel que général, M. Schlickeysen dit en concluant : « Je ne crois pas que nous arriverons à une conclusion au tapis vert. Différentes machines donneront différents résultats à différents endroits. La question ne peut être résolue qu'en faisant des essais avec plusieurs machines de différents systèmes dans de mêmes circonstances et conditions. »

M. l'ingénieur Neumann : « J'adhère à ce que M. Schlickeysen vient de dire. Il est vrai que des essais efficaces n'ont pas été faits encore. »

Il est proposé d'élire une Commission d'experts, qui sera chargée de faire des essais, et qui donnera son rapport l'année prochaine.

M. Schlickeysen : « Cette question n'est pas une question personnelle, mais il s'agit de savoir dans quelle direction, nous trois fabricants, avons à continuer nos travaux et nos études, pour satisfaire aux demandes des propriétaires de briqueteries. Cette question résolue, il n'y aura point de difficulté de choisir et d'adopter le système le plus propre à résoudre la tâche donnée. »

M. Stange prie MM. les fabricants de tâcher d'obtenir que les briques soient bien égales dans leur texture.

M. Schmelzer : « La texture dépendra du degré d'humidité avec lequel on travaille. »

M. Eberling : « La texture ne dépend pas des filaments. La maigreur de la terre a une limite donnée; passé cette limite, aucune des trois machines n'opérera avec succès. »

M. le Président : « La seconde partie des questions a rapport aux meilleures machines à préparer la terre pour la fabrication à la main. »

M. de Rochow : « Le broyage des cailloux au moyen d'une paire de cylindres ne suffit pas, en ce sens que les écailles aiguës deviennent dangereuses aux ouvriers. Une seconde paire de cylindres serait nécessaire pour broyer les écailles à leur tour. »

M. Stange désire une machine qui éloigne les pierres et les cailloux.

M. Eberling : « Une pareille machine n'existe pas; le meilleur moyen serait toujours le lavage. »

M. Fréd. Hoffmann : « J'ai l'intention de faire des essais avec un appareil qui consiste en un manteau en forme d'un entonnoir, composé de fil de fer lacé, ouvert à la pointe; dans l'axe vertical se trouve un malaxeur à couteau. L'argile tombera à travers les mailles du manteau, tandis que les cailloux rouleront le long du manteau et sortiront par la pointe ouverte. J'ai vu une machine analogue, mais plus petite, à l'exposition de Londres. »

M. Schlickeysen : « J'ai fait beaucoup d'essais avec des cribles pour argile. Il n'y a pas moyen d'éloigner les cailloux; il faut employer un grattoir en même temps. »

M. Platzman : « On a reçu une machine à Boberg, qui, j'espère, suffira pour purifier la glaise; je ferai rapport à ce sujet l'année prochaine. »

M. March fait mention qu'en Angleterre, on n'emploie pas le lavage pour la fabrication de briques. On y emploie des cylindres qui remplacent le lavage. A Kiebau, près Dirschau, on a fait l'essai de pétrir l'argile à travers des grillages en fer.

On fait la remarque que cela revient trop cher : on recommande, par contre, des cylindres, comme M. Sachsenberg les a employés il y a déjà douze ans.

M. Schmelzer : « Pour une argile caillouteuse, nous ajoutons à notre machine (*Hertel et Ce*) une seconde paire de cylindres broyeurs. Ceux du bas ne se touchent pas ; ils ont, par contre, une plus grande vélocité. L'argile la plus caillouteuse, qui vient de passer par ce double appareil de broyage, est débarrassée de tous les plus grands cailloux, ceux-ci étant transformés en poudre et en poussière tellement fine, que même les cailloux calcaires n'ont plus d'effet nuisible après cette opération. Une briqueterie allait cesser son exploitation à cause de trop grandes pertes occasionnées par la grande quantité de cailloux ou pierres calcaires qui faisaient sauter les briques. Cet inconvénient s'est entièrement dissipé par l'emploi de notre machine, qui broyait ces pierres et cailloux, et les mélangeait avec la terre. Les briques cuites, en sortant du four, furent saturées d'eau au moyen d'un arrosoir, et il était rare de trouver une brique fendue ; toutes les briques qui résistaient à cette saturation furent bonnes et durables. Plusieurs messieurs auxquels j'ai recommandé cette manipulation ont obtenu le même résultat. »

M. Turrschmiedt : « Je conseille aux propriétaires de tuileries de ne pas faire cette expérience avant d'avoir bien examiné leur chaux et leur glaise. Je doute que ce soit bon partout, et les briques ne seront bonnes que pour les arrière-murs. »

Après une courte discussion sur les statuts de la Société, le vote en bloc fut décidé et les statuts acceptés unanimement.

M. Fréd. Hoffmann annonce que la discussion d'hier et d'aujourd'hui serait considérée comme discussion de la première assemblée constituante de la Société allemande pour la fabrication de briques, de produits céramiques, de chaux et ciment, et serait publiée dans le premier numéro de la feuille périodique.

Paris. — Typographie Hennuyer et fils, rue du Boulevard, 7.

Paris. — Typographie Hennuyer et fils, rue du Boulevard, 7.

www.ingramcontent.com/pod-product-compliance
Ingram Content Group UK Ltd.
Pitfield, Milton Keynes, MK11 3LW, UK
UKHW021515260726
13993UKWH00004B/1677

9 782329 258980